Die Erfindung
der Angst

Bedenken, Sorge und Erregung

Eine Betrachtung

von

Lutz Spilker

DIE ERFINDUNG DER ANGST – BEDENKEN, SORGE UND ERREGUNG

Bibliografische Information der Deutschen Nationalbibliothek:
Die Deutsche Nationalbibliothek verzeichnet diese Publikation in der Deutschen Nationalbiblio-
grafie; detaillierte bibliografische Daten sind im Internet über http://dnb.dnb.de abrufbar.

Softcover ISBN: 978-3-384-19589-0
Ebook ISBN: 978-3-384-19590-6

Druck und Distribution im Auftrag des Autors:
tredition GmbH, An der Strusbek 10, 22926 Ahrensburg, Germany

Inhalt

Angst haben wir alle.
Der Unterschied liegt in der Frage wovor.

Frank Thiess

Frank Theodor Thiess * 1. März / 13. März 1890 in Luisenstein (Gut Linden-berg), Kspl. Uexküll-Kirchholm, get. 22. April, Gouvernement Livland, Russi-sches Kaiserreich, heute Lettland; † 22. Dezember 1977 in Darmstadt war ein deutscher Schriftsteller.

Vorwort

Liebe Leserinnen und Leser,

herzlich willkommen zu ›Die Erfindung der Angst‹. In diesem Buch werden wir uns gemeinsam auf eine faszinierende Reise durch die Geschichte, die Psychologie, die Philosophie und die Kultur der Angst begeben. Angst ist eine Emotion, die uns alle betrifft, und doch bleibt sie oft ein rätselhaftes und schwer fassbares Phänomen. In diesem Werk werden wir versuchen, Licht in das Dunkel der Angst zu bringen und ihre Vielfältigkeit zu beleuchten.

Der Titel dieses Buches, ›Die Erfindung der Angst‹, mag auf den ersten Blick paradox erscheinen. Schließlich ist Angst eine grundlegende Emotion, die seit Anbeginn der Menschheit existiert. Doch indem wir uns näher mit der Geschichte und Entwicklung der Angst befassen, werden wir feststellen, dass sie in vielerlei Hinsicht konstruiert, kultiviert und geformt wurde - sowohl von individuellen Erfahrungen als auch von gesellschaftlichen Einflüssen.

Unsere Reise beginnt mit einem Blick zurück in die Vergangenheit, zu den Ursprüngen der Angst in der evolutionären Geschichte des Menschen. Wir werden erkunden, wie die frühen Menschen mit Bedrohungen und Gefahren umgingen und welche Rolle Angst dabei spielte. Von dort aus werden wir die

Entwicklung der Angst im Laufe der Geschichte verfolgen, von den Mythen und Legenden der antiken Kulturen bis hin zu den wissenschaftlichen und philosophischen Ansätzen der Moderne.

Ein zentraler Schwerpunkt dieses Buches liegt auf der Frage, wie Angst in verschiedenen Kontexten und Kulturen wahrgenommen, interpretiert und konstruiert wurde. Wir werden untersuchen, wie Angst in unterschiedlichen historischen Epochen und gesellschaftlichen Rahmenbedingungen erlebt und dargestellt wurde und welche Auswirkungen dies auf das individuelle und kollektive Bewusstsein hatte.

Ein weiterer wichtiger Aspekt unserer Untersuchung ist die Betrachtung der Angst aus psychologischer und neurobiologischer Sicht. Wir werden die biologischen Grundlagen der Angst erforschen, die Rolle von Hormonen und Neurotransmittern verstehen und die Mechanismen hinter Angststörungen wie Panikattacken und generalisierter Angststörung untersuchen.

Doch Angst ist nicht nur ein Thema der Wissenschaft, sondern auch der Kunst, der Literatur und der Kultur. Wir werden uns mit den vielfältigen Darstellungen und Interpretationen von Angst in der Kunstgeschichte auseinandersetzen und untersuchen, wie Schriftsteller, Maler und Musiker die Angst in ihren Werken thematisiert haben.

Schließlich werden wir uns der Frage stellen, wie wir als Individuen und als Gesellschaft mit unserer Angst umgehen können. Wir werden verschiedene Bewältigungsstrategien und Therapieansätze untersuchen und darüber nachdenken, wie wir ein gesundes Verhältnis zur Angst entwickeln und sie als eine Quelle der Stärke und des Wachstums nutzen können.

Meine Hoffnung ist, dass dieses Buch nicht nur ein intellektuelles Abenteuer ist, sondern auch eine Quelle der Inspiration und Ermutigung für alle, die mit Angst kämpfen oder sie besser verstehen möchten. Möge es Ihnen helfen, Ihre eigene Beziehung zur Angst zu erkunden und Wege zu finden, mit ihr in Harmonie zu leben.

Vielen Dank, dass Sie sich auf diese Reise mit uns begeben. Mögen Sie viele Erkenntnisse und Einsichten gewinnen, während Sie ›Die Erfindung der Angst‹ lesen.

Mit freundlichen Grüßen,

Lutz Spilker

Die evolutionäre Geschichte der Angst

In den Tiefen der menschlichen Evolution hat Angst eine zentrale Rolle gespielt - eine emotionale Reaktion, die unsere Vorfahren vor potenziellen Gefahren und Bedrohungen warnte und ihr Überleben sicherte. Die Ursprünge der Angst reichen weit zurück in die Geschichte der Menschheit und sind eng mit den Herausforderungen verbunden, denen unsere frühen Vorfahren gegenüberstanden.

Die Anpassung an die Umwelt: Frühe Evolutionäre Entwicklungen

Als unsere Vorfahren sich auf den aufrechten Gang und die Verlagerung von Leben in die Baumsavanne einstellten, begannen sie eine neue Art der Anpassung an ihre Umwelt. Diese Anpassung erforderte ein erhöhtes Bewusstsein für Gefahren und die Fähigkeit, schnell auf potenzielle Bedrohungen zu reagieren. In dieser Umgebung waren diejenigen, die Ängste entwickelten, die ihnen halfen, sich vor Raubtieren zu schützen oder sich in unbekannten Umgebungen zu orientieren, in der Lage, ihre Gene erfolgreich weiterzugeben.

Die Rolle der Angst in der frühmenschlichen Gemeinschaft

In den frühen menschlichen Gemeinschaften spielte Angst eine entscheidende Rolle bei der Organisation des sozialen Lebens. Die Angst vor dem Verlassenwerden oder der sozialen Ausgrenzung trieb die Entwicklung enger sozialer Bindungen und half den Menschen, sich in Gruppen zu organisieren, um gemeinsam den Gefahren der Umwelt zu begegnen. Diese sozialen Bindungen boten Schutz und Unterstützung und waren entscheidend für das Überleben und die Fortpflanzung der Art.

Die Evolution des Gehirns und der Emotionen

Mit der Entwicklung größerer und komplexerer Gehirne entstanden auch komplexere Emotionen wie Angst. Das limbische System, das für die Verarbeitung von Emotionen und die Regulation von Verhalten zuständig ist, entwickelte sich weiter und ermöglichte eine differenziertere Wahrnehmung und Reaktion auf potenzielle Bedrohungen. Diese Entwicklung ermöglichte es den Menschen, subtilere Hinweise auf Gefahren wahrzunehmen und angemessener darauf zu reagieren.

Die Bedeutung von Angst für das Überleben der Art

Insgesamt spielte Angst eine entscheidende Rolle bei der Sicherung des Überlebens und der Fortpflanzung der menschlichen Art. Diejenigen, die in der Lage waren, angemessen auf potenzielle Gefahren zu reagieren und Ängste zu entwickeln, die ihnen halfen, sich vor Bedrohungen zu schützen, hatten eine größere Chance, ihre Gene erfolgreich weiterzugeben. Auf diese Weise wurde Angst zu einem fundamentalen Bestandteil der menschlichen Psyche und bleibt bis heute eine wichtige emotionale Reaktion, die uns hilft, mit den Herausforderungen des Lebens umzugehen.

In diesem Kapitel haben wir einen Einblick in die evolutionäre Geschichte der Angst gewonnen und die Rolle dieser grundlegenden Emotion bei der Anpassung und dem Überleben der menschlichen Art betrachtet. In den folgenden Kapiteln werden wir diese Themen weiter vertiefen und untersuchen, wie sich die Angst im Laufe der Zeit entwickelt hat und welche Auswirkungen sie auf das menschliche Verhalten und die Gesellschaft hatte.

Urängste:

Die Grundlagen der menschlichen Angst

In den Tiefen unseres Unterbewusstseins liegen die Urängste des Menschen, tief verwurzelt und fundamental für unser Überleben. Diese uralten Ängste haben sich im Laufe der Evolution entwickelt und sind ein integraler Bestandteil der menschlichen Psyche.

Die Angst vor dem Unbekannten

Eine der ältesten und tiefgreifendsten Ängste des Menschen ist die Angst vor dem Unbekannten. Bereits in prähistorischen Zeiten war das Unbekannte oft mit potenziellen Gefahren verbunden - unbekannte Tiere, Pflanzen oder Orte könnten eine Bedrohung für das Überleben darstellen. Diese Angst hat sich im Laufe der Zeit entwickelt und manifestiert sich heute in verschiedenen Formen, von sozialer Angst bis hin zu Existenzialängsten.

Die Angst vor dem Verlassenwerden

Eine weitere Urangst des Menschen ist die Angst vor dem Verlassenwerden. Diese Angst wurzelt tief in unseren evolutionären Ursprüngen als soziale Wesen, die auf die Unterstützung und den Schutz der Gruppe angewiesen waren. Das Gefühl der

Trennung oder des Verlustes kann starke emotionale Reaktionen hervorrufen und tiefe Ängste auslösen.

Die Angst vor dem Tod

Die Angst vor dem Tod ist eine der grundlegendsten und existenziellsten Ängste des Menschen. Seit Beginn der Menschheit hat der Tod eine Quelle der Furcht und des Unbehagens dargestellt, da er das Ende des eigenen Lebens und der eigenen Existenz bedeutet. Diese Angst kann verschiedene Formen annehmen, von einer allgemeinen Angst vor dem Sterben bis hin zu spezifischen Ängsten vor Krankheit, Verletzung oder dem Verlust geliebter Menschen.

Die Angst vor dem Verlust von Kontrolle

Die Angst vor dem Verlust von Kontrolle ist eine weitere grundlegende Urangst des Menschen. Seit frühester Kindheit streben wir danach, Kontrolle über unser Leben und unsere Umgebung zu erlangen, und der Verlust dieser Kontrolle kann tiefe Ängste auslösen. Diese Angst kann sich in verschiedenen Situationen manifestieren, von physischen Bedrohungen bis hin zu sozialen oder beruflichen Herausforderungen.

Die Angst vor körperlichem Schaden

Eine weitere grundlegende Urangst des Menschen ist die Angst vor körperlichem Schaden oder Verletzung. Diese Angst wurzelt in unserer biologischen Programmierung, die darauf abzielt, unseren Körper zu schützen und zu erhalten. Die Vorstellung von Schmerz, Verletzung oder körperlicher Beeinträchtigung kann daher starke emotionale Reaktionen hervorrufen und tiefe Ängste auslösen, die sich in verschiedenen Formen von Phobien oder Angststörungen manifestieren können.

Die Angst vor dem Scheitern

Eine weitere grundlegende Urangst des Menschen ist die Angst vor dem Scheitern. Diese Angst wurzelt in unserer menschlichen Natur, die danach strebt, erfolgreich zu sein und Anerkennung und Zustimmung von anderen zu erhalten. Das Gefühl des Versagens oder der Unzulänglichkeit kann daher tiefe Ängste auslösen und zu Selbstzweifeln, Unsicherheit und Angst vor Ablehnung führen.

Die Angst vor plötzlich auftretendem Lärm

Eine weitere grundlegende Urangst des Menschen ist die Angst vor plötzlich auftretendem Lärm. Dies ist eine natürliche Reaktion auf laute Geräusche, die oft mit Gefahren oder Bedrohungen in Verbindung gebracht werden. Bei einem vorbeifahrenden Feuerwehrauto oder Polizeiwagen mit aktiver Sirene kann der plötzliche, laute Lärm ein Kleinkind erschrecken und es dazu veranlassen, Schutz zu suchen und sich desorientiert zu fühlen. Diese Angst wurzelt in unserem evolutionären Erbe und dient dazu, uns vor potenziellen Gefahren zu warnen und uns zur Vorsicht zu mahnen.

Die Angst vor der zweifelhaften Höhe

Eine weitere grundlegende Urangst des Menschen ist die Angst vor der zweifelhaften Höhe. Diese Angst tritt auf, wenn eine Person sich in einer erhöhten Position befindet und das Gefühl hat, dass sie herunterfallen könnte. Diese Angst ist besonders stark bei Kleinkindern ausgeprägt, die oft eine natürliche Angst vor Höhen haben und sich in solchen Situationen unwohl und ängstlich fühlen. Ein Kleinkind, das auf einen Stuhl gestellt wird, kann sich daher kaum noch zu bewegen wagen und scheint paralysiert zu sein. Diese Angst vor der Höhe ist eine natürliche Reaktion, die dazu dient, uns vor potenziellen Gefahren zu schützen und uns dazu zu bringen, vorsichtig zu sein, wenn wir uns in erhöhten Positionen befinden.

In diesem Kapitel haben wir einen weiteren Einblick in die tiefsten und grundlegendsten Ängste des Menschen gewonnen. Diese Urängste sind Teil unserer evolutionären Geschichte und haben sich im Laufe der Zeit entwickelt, um uns vor potenziellen Gefahren zu warnen und uns dazu zu bringen, vorsichtig zu sein. In den folgenden Kapiteln werden wir untersuchen, wie diese Urängste unsere Gedanken, Gefühle und Verhaltensweisen beeinflussen und wie wir lernen können, mit ihnen umzugehen.

Die Rolle der Angst in der Frühgeschichte: Überlebensmechanismen und Jäger und Sammler

In der Frühgeschichte der Menschheit spielte Angst eine entscheidende Rolle bei den Überlebensmechanismen unserer Vorfahren, insbesondere bei Jäger und Sammler-Gesellschaften. In einer Welt, die von Naturgefahren, Raubtieren und der ständigen Suche nach Nahrung geprägt war, waren Angstreaktionen essentiell, um das Überleben der Gruppe zu sichern.

Die Wachsamkeit vor potenziellen Gefahren

Für Jäger und Sammler war es unerlässlich, stets auf der Hut vor potenziellen Gefahren zu sein. Angst spielte dabei eine zentrale Rolle, indem sie die Sinne schärfte und die Wachsamkeit erhöhte. Ein plötzliches Rascheln im Gebüsch oder ein ungewöhnliches Geräusch in der Ferne konnte eine Alarmreaktion auslösen, die es der Gruppe ermöglichte, schnell zu reagieren und sich vor potenziellen Bedrohungen zu schützen.

Die Angst vor Raubtieren und Feinden

Eine der größten Ängste der Jäger und Sammler war die Angst vor Raubtieren und feindlichen Stämmen. Diese Bedrohungen waren allgegenwärtig und erforderten eine ständige Bereitschaft zur Verteidigung. Angstreaktionen wie Flucht oder Kampf waren daher lebenswichtig, um das Überleben der Gruppe zu sichern und sich gegen potenzielle Angreifer zu verteidigen.

Die Herausforderungen der Nahrungsbeschaffung

Die Beschaffung von Nahrung war eine der größten Herausforderungen für Jäger und Sammler, und Angst spielte auch hier eine wichtige Rolle. Die Unsicherheit über die Verfügbarkeit von Nahrungsmitteln und die Gefahr von Hungersnöten oder Nahrungsmittelvergiftungen erzeugten eine konstante Angst, die es der Gruppe ermöglichte, sich auf die Suche nach Nahrung zu begeben und sich vor potenziellen Gefahren zu schützen.

Die Rolle von Angst bei sozialen Interaktionen

Auch bei sozialen Interaktionen spielte Angst eine wichtige Rolle in Jäger und Sammler-Gesellschaften. Die Angst vor sozialer Ausgrenzung oder Ablehnung konnte das Verhalten der Mitglieder beeinflussen und dazu beitragen, die Zusammengehörigkeit und Kooperation innerhalb der Gruppe aufrechtzuerhalten.

Insgesamt war Angst in der Frühgeschichte der Menschheit ein wesentlicher Bestandteil der Überlebensmechanismen von Jäger und Sammler-Gesellschaften. Diese Urängste halfen dabei, potenzielle Gefahren zu erkennen, schnell zu reagieren und das Überleben der Gruppe zu sichern. In den folgenden Kapiteln werden wir untersuchen, wie sich diese Überlebensmechanismen im Laufe der Zeit entwickelt haben und welche Auswirkungen sie auf das menschliche Verhalten und die Gesellschaft hatten.

Angst in antiken Kulturen:

Mythologie, Religion und Weltanschauung

In den antiken Kulturen spielte Angst eine zentrale Rolle in der Mythologie, Religion und Weltanschauung der Menschen. Die Vorstellungen von Göttern, Dämonen und übernatürlichen Kräften waren eng mit den Ängsten und Hoffnungen der Menschen verbunden und prägten ihr Verständnis von der Welt und ihrem Platz darin.

Die Angst vor göttlicher Strafe

In vielen antiken Kulturen herrschte die Vorstellung, dass die Götter über die Menschen wachen und sie belohnen oder bestrafen, je nachdem, ob sie sich richtig verhalten oder nicht. Diese Vorstellung von göttlicher Strafe erzeugte eine tiefe Angst in den Menschen und trieb sie dazu an, bestimmte Verhaltensregeln einzuhalten und Opfergaben zu bringen, um den Zorn der Götter zu besänftigen.

Die Furcht vor übernatürlichen Wesen

Die antiken Kulturen waren reich an Geschichten von übernatürlichen Wesen wie Dämonen, Geistern und Monstern, die den Menschen Schaden zufügen konnten. Diese Vorstellungen erzeugten eine tiefe Furcht in den Menschen und führten zur

Entwicklung von Ritualen und Zeremonien, um sich vor diesen übernatürlichen Gefahren zu schützen.

Die Hoffnung auf Erlösung und Befreiung

Trotz der Ängste und Sorgen, die die Menschen in den antiken Kulturen plagten, gab es auch die Hoffnung auf Erlösung und Befreiung von ihren Leiden. Viele Kulturen entwickelten Vorstellungen von einem göttlichen Retter oder Erlöser, der die Menschen von ihren Sünden und Ängsten befreien und ihnen den Weg zum Glück und zur Erfüllung zeigen würde.

Insgesamt spielte Angst eine komplexe und vielschichtige Rolle in den antiken Kulturen, die eng mit den religiösen und mythologischen Vorstellungen der Menschen verbunden war. Diese Vorstellungen prägten ihr Verständnis von der Welt und ihrem Platz darin und beeinflussten ihr Verhalten und ihre Entscheidungen auf vielfältige Weise. In den folgenden Kapiteln werden wir untersuchen, wie sich diese Vorstellungen im Laufe der Zeit entwickelt haben und welche Auswirkungen sie auf die menschliche Kultur und Gesellschaft hatten.

Die philosophische Perspektive auf Angst:
Von den Stoikern bis zu den Existenzialisten

Die Angst hat im Laufe der Geschichte die Gemüter der Philosophen beschäftigt und zu einer Vielzahl von Ansichten und Theorien geführt, die von den Stoikern bis zu den Existenzialisten reichen. Jede philosophische Schule hat ihre eigene Interpretation der Angst und ihrer Bedeutung für das menschliche Leben entwickelt.

Die Stoiker und die Kontrolle über die Angst

Die Stoiker betrachteten die Angst als eine Folge der Fehleinschätzung der eigenen Fähigkeiten und der äußeren Umstände. Für sie lag die Lösung darin, die Kontrolle über die eigenen Gedanken und Emotionen zu erlangen und eine innere Gelassenheit zu kultivieren, die es ermöglichte, selbst in schwierigen Situationen ruhig zu bleiben. Indem man lernte, die Dinge anzunehmen, wie sie sind, und sich auf das zu konzentrieren, was man kontrollieren kann, konnte man die Angst überwinden und ein Leben in Harmonie und Zufriedenheit führen.

Die Existenzialisten und die Auseinandersetzung mit der Existenzangst

Die Existenzialisten hingegen betrachteten die Angst als eine grundlegende und unvermeidliche Erfahrung des menschlichen Daseins. Für sie war die Angst eine natürliche Reaktion auf die Erkenntnis der eigenen Endlichkeit und die Absurdität des Lebens. Statt die Angst zu verdrängen oder zu leugnen, forderten die Existenzialisten dazu auf, sie zu akzeptieren und sich mit ihr auseinanderzusetzen. Durch diese existenzielle Auseinandersetzung könne der Mensch zu einer tieferen Selbsterkenntnis gelangen und einen authentischen Lebensweg finden, der ihm Sinn und Bedeutung verleiht.

Die skeptischen und skeptizistischen Perspektiven auf Angst

Die skeptischen und skeptizistischen* Philosophen hingegen betrachteten die Angst als eine Folge der Unsicherheit und Unwissenheit über die Welt und die Zukunft. Für sie war die Angst eine natürliche Reaktion auf die Unvorhersehbarkeit des Lebens und die Begrenztheit des menschlichen Wissens. Indem man seine Annahmen und Überzeugungen hinterfragte und sich der Unbeständigkeit und Unvorhersehbarkeit des Lebens bewusst wurde, konnte man die Angst reduzieren und eine größere geistige Freiheit erlangen.

Insgesamt bieten die philosophischen Perspektiven auf Angst eine Vielzahl von Ansätzen und Einsichten, die es ermöglichen, die Natur und Bedeutung der Angst zu verstehen und sie auf eine konstruktive Weise zu bewältigen. Indem man sich mit diesen verschiedenen Ansichten auseinandersetzt und ihre Impulse in das eigene Leben integriert, kann man zu einem tieferen Verständnis von sich selbst und der Welt gelangen.

Angst in der mittelalterlichen Gesellschaft: Aberglaube, Hexenverfolgung und religiöse Dogmen

Das Mittelalter war eine Zeit geprägt von Aberglaube, religiösen Dogmen und einer tiefen Angst vor dem Übernatürlichen. Diese Ängste manifestierten sich auf vielfältige Weise und hatten weitreichende Auswirkungen auf das Leben und die Gesellschaft dieser Zeit.

Der Aberglaube und seine Auswirkungen

Im Mittelalter herrschte ein weit verbreiteter Aberglaube, der das tägliche Leben der Menschen prägte. Von bösen Omen über Hexenflüche bis hin zu Schutzzaubern - der Aberglaube war allgegenwärtig und führte zu einer Atmosphäre der Angst und Unsicherheit. Die Menschen fürchteten sich vor vermeintlichen Hexen, Dämonen und anderen übernatürlichen Wesen, die angeblich böse Absichten hatten und ihnen Schaden zufügen könnten.

Die Hexenverfolgung als Ausdruck der Angst

Die Hexenverfolgung war ein dunkles Kapitel in der Geschichte des Mittelalters, das von einer tiefen Angst vor dem Bösen und Unbekannten geprägt war. Menschen, insbesondere Frauen, wurden beschuldigt, mit dem Teufel im Bunde zu sein und dunkle magische Kräfte zu besitzen. Die Angst vor Hexen und Hexerei führte zu brutalen Verfolgungskampagnen, bei denen unschuldige Menschen gefoltert, verurteilt und hingerichtet wurden - alles im Namen der Bekämpfung des Bösen und der Erhaltung der religiösen Reinheit.

Religiöse Dogmen und ihre Auswirkungen

Die mittelalterliche Gesellschaft war stark von religiösen Dogmen geprägt, die eine Atmosphäre der Angst und Schuld erzeugten. Die Menschen fürchteten sich vor göttlicher Strafe und ewiger Verdammnis, wenn sie gegen die Gebote der Kirche verstießen oder sich von der orthodoxen Lehre abwendeten. Diese Angst vor der Hölle und dem göttlichen Zorn trieb die Menschen dazu an, sich streng an die religiösen Vorschriften zu halten und sich den Autoritäten der Kirche zu unterwerfen.

Die Suche nach Trost und Erlösung

Trotz der tiefen Ängste und Unsicherheiten, die das Mittelalter prägten, suchten die Menschen auch nach Trost und Erlösung in ihrer Religion. Sie beteten zu Gott und den Heiligen, um Schutz vor dem Bösen zu suchen und Vergebung für ihre

Sünden zu erlangen. Die Religion war ein wichtiger Zufluchts-ort in einer Welt voller Angst und Ungewissheit und bot den Menschen Hoffnung auf ein Leben nach dem Tod.

Insgesamt war das Mittelalter eine Zeit, die von tiefen Ängsten und Unsicherheiten geprägt war, die aus dem Aberglauben, der Hexenverfolgung und den religiösen Dogmen resultierten. Diese Ängste hatten weitreichende Auswirkungen auf das Leben und die Gesellschaft dieser Zeit und prägten das Weltbild der Menschen für Jahrhunderte.

Die Renaissance und das Zeitalter der Aufklärung:

Neue Ansätze zur Erforschung der Angst

Die Renaissance und das Zeitalter der Aufklärung markierten eine Zeit des Wandels und der Erneuerung in der westlichen Welt. Während die Renaissance durch eine Wiederentdeckung antiker Ideen und eine Blüte künstlerischer und intellektueller Kreativität gekennzeichnet war, brachte die Aufklärung eine Verschiebung hin zu rationalistischen und wissenschaftlichen Denkweisen mit sich. In dieser Zeit wurden auch neue Ansätze zur Erforschung der Angst entwickelt, die das Verständnis dieser Emotion grundlegend veränderten.

Die Renaissance und die Neuentdeckung des Individuums

In der Renaissance erlebte das Individuum eine neue Wertschätzung und Anerkennung. Durch die Werke von Denkern wie Erasmus von Rotterdam und Michel de Montaigne wurde die menschliche Erfahrung in den Mittelpunkt gerückt und das Bewusstsein für die Vielfalt und Komplexität menschlicher Emotionen gestärkt. Die Angst wurde nicht mehr ausschließlich als Zeichen der Schwäche betrachtet, sondern als natürliche Reaktion auf die Herausforderungen des Lebens.

Die Aufklärung und die Entmystifizierung der Angst

In der Aufklärung wurde die Angst einer rationalen Analyse unterzogen und von ihrem mystischen und religiösen Überbau befreit. Philosophen wie René Descartes und Immanuel Kant betrachteten die Angst als ein Produkt der menschlichen Vernunft und betrachteten sie als eine Emotion, die durch rationale Überlegungen und Erkenntnisse kontrolliert und überwunden werden könnte. Die Aufklärung brachte eine neue Perspektive auf die Angst als eine natürliche und erforschbare Emotion hervor, die nicht länger von übernatürlichen Kräften oder göttlichen Strafen abhängig war.

Die Entdeckung der Angst in der Literatur und Kunst

In der Renaissance und der Aufklärung wurde die Angst auch zu einem wichtigen Thema in der Literatur und Kunst. Schriftsteller wie William Shakespeare und Johann Wolfgang von Goethe erkundeten die verschiedenen Facetten der Angst in ihren Werken und porträtierten sie als eine universelle menschliche Erfahrung. Auch in der bildenden Kunst fanden Darstellungen von Angst und Furcht ihren Platz, wobei Künstler wie Francisco de Goya und Caspar David Friedrich die Emotionen des Menschen in ihren Werken einfühlsam einfingen.

Die Bedeutung der Neuzeit für die Erforschung der Angst

Insgesamt markierten die Renaissance und das Zeitalter der Aufklärung einen Wendepunkt in der Geschichte der Angst. Durch neue philosophische, wissenschaftliche und künstlerische Ansätze wurde die Angst nicht länger als etwas Unheimliches oder Übernatürliches betrachtet, sondern als eine Emotion, die durch rationalen Diskurs und empirische Forschung erforscht und verstanden werden konnte. Diese neue Perspektive legte den Grundstein für das moderne Verständnis der Angst und beeinflusste die Entwicklung der Psychologie und Psychiatrie bis in die Gegenwart.

Die Industrialisierung und die Veränderung der Angst: Auswirkungen der Urbanisierung und Industrialisierung

Die Industrialisierung brachte im 19. Jahrhundert tiefgreifende Veränderungen in der Gesellschaft mit sich, die auch Auswirkungen auf die Art und Weise hatten, wie Menschen Angst erlebten und bewältigten. Die Urbanisierung und die rasche Entwicklung von Industriestädten veränderten das soziale Gefüge und führten zu neuen Ängsten und Unsicherheiten.

Die Veränderung des Lebensraums

Mit der Industrialisierung zogen immer mehr Menschen vom Land in die Städte, um in den Fabriken zu arbeiten und an der rasanten wirtschaftlichen Entwicklung teilzuhaben. Die dicht besiedelten und oft überfüllten Städte boten zwar neue Chancen, aber auch neue Gefahren. Die enge Nachbarschaft, die schlechten Wohnverhältnisse und die mangelnde Hygiene führten zu einer Ausbreitung von Krankheiten und Epidemien, die eine tiefe Angst vor Krankheit und Tod auslösten.

Die Entfremdung und Vereinsamung

Die Industrialisierung führte auch zu einer Entfremdung und Vereinsamung vieler Menschen, die in den Fabriken arbeiteten und sich oft von ihren Familien und Gemeinschaften entfremdet fühlten. Die harte Arbeit und die schlechten Arbeitsbedingungen verstärkten das Gefühl der Isolation und führten zu einer tiefen Angst vor Arbeitslosigkeit, Armut und sozialem Abstieg.

Die Technologisierung und die Angst vor dem Unbekannten

Die rasche Entwicklung neuer Technologien und Maschinen während der Industrialisierung löste auch eine tiefe Angst vor dem Unbekannten aus. Die Menschen wurden mit neuen Arbeitsmethoden und Technologien konfrontiert, die ihre traditionellen Lebensweisen und Fertigkeiten überflüssig machten. Die Angst vor dem Verlust der eigenen Identität und dem Bedeutungsverlust in einer sich rasch verändernden Welt war allgegenwärtig und führte zu einer tiefen Verunsicherung und Unruhe.

Die soziale Ungerechtigkeit und die Angst vor Revolten

Die soziale Ungerechtigkeit und die starken wirtschaftlichen Disparitäten während der Industrialisierung führten zu einer wachsenden Unzufriedenheit und Unruhe in der Bevölkerung.

Die Arbeiterklasse, die unter den harten Arbeitsbedingungen und der Ausbeutung durch die Fabrikbesitzer litt, entwickelte eine tiefe Angst vor Revolten und sozialen Unruhen, die zu einem fundamentalen Wandel in der Gesellschaft führen könnten.

Insgesamt brachte die Industrialisierung eine Vielzahl neuer Ängste und Unsicherheiten mit sich, die das Leben der Menschen in den Städten prägten. Die Urbanisierung, die Technologisierung und die soziale Ungerechtigkeit führten zu einer tiefen Verunsicherung und Angst vor der Zukunft, die bis heute spürbar ist. In den folgenden Kapiteln werden wir untersuchen, wie sich diese Ängste im Laufe der Zeit weiterentwickelt haben und welche Auswirkungen sie auf das moderne Leben haben.

Die Entdeckung der Psychologie: Frühe Ansätze zur Erforschung und Behandlung von Angststörungen

Mit der Entstehung der modernen Psychologie im späten 19. Jahrhundert begann eine neue Ära in der Erforschung und Behandlung von Angststörungen. Frühe Psychologen und Ärzte begannen, die Natur der Angst zu untersuchen und neue Ansätze zur Behandlung von Angststörungen zu entwickeln, die das Leben vieler Menschen nachhaltig verändern sollten.

Die Pionierarbeit von Sigmund Freud

Sigmund Freud gilt als einer der Pioniere der modernen Psychologie und spielte eine wichtige Rolle in der Erforschung von Angststörungen. Durch seine Arbeit mit Patienten und seine Theorien über das Unbewusste und die Triebkräfte des menschlichen Verhaltens trug Freud wesentlich dazu bei, das Verständnis von Angst zu vertiefen. Er identifizierte die Angst als eine grundlegende menschliche Emotion, die oft auf unbewusste Konflikte und Traumata zurückzuführen ist, und entwickelte neue Therapieansätze wie die Psychoanalyse, um Menschen bei der Bewältigung ihrer Ängste zu helfen.

Die Entwicklung von Verhaltenstherapien

Parallel zu Freuds Arbeit entwickelten andere Psychologen neue Therapieansätze, die auf der Idee basierten, dass Angst erlerntes Verhalten ist und daher auch verlernt werden kann. Die Verhaltenstherapie konzentrierte sich darauf, die Ängste der Patienten durch gezielte Exposition gegenüber den angstauslösenden Situationen zu reduzieren und neue, gesündere Bewältigungsstrategien zu erlernen. Durch systematische Desensibilisierung und kognitive Umstrukturierung konnten viele Menschen mit Angststörungen erhebliche Fortschritte erzielen und ein besseres Leben führen.

Die Rolle der Pharmakotherapie

Im Laufe des 20. Jahrhunderts wurden auch neue Medikamente entwickelt, um Angststörungen zu behandeln. Benzodiazepine wie Diazepam und Alprazolam wurden als Beruhigungsmittel eingesetzt, um die Symptome von Angst vorübergehend zu lindern. Später kamen selektive Serotonin-Wiederaufnahmehemmer (SSRI) wie Fluoxetin und Sertralin auf den Markt, die eine langfristige Behandlung von Angststörungen ermöglichten, indem sie den Serotoninspiegel im Gehirn regulierten und so die Stimmung stabilisierten.

Die Bedeutung von Forschung und Aufklärung

Die Entdeckung der Psychologie und die Entwicklung neuer Therapieansätze haben dazu beigetragen, das Verständnis von Angststörungen zu vertiefen und die Lebensqualität vieler

Menschen zu verbessern. Durch kontinuierliche Forschung und Aufklärung können heute immer mehr Menschen mit Angststörungen erfolgreich behandelt und unterstützt werden, um ein erfülltes und zufriedenes Leben zu führen.

Insgesamt markiert die Entdeckung der Psychologie einen wichtigen Meilenstein in der Geschichte der Erforschung und Behandlung von Angststörungen. Durch die Arbeit von Pionieren wie Sigmund Freud und die Entwicklung neuer Therapieansätze konnten viele Menschen mit Angststörungen Hoffnung schöpfen und eine bessere Zukunft in Aussicht nehmen.

Der Einfluss von Kriegen und Konflikten auf die Angst: Traumatische Erfahrungen und psychologische Folgen

Kriege und bewaffnete Konflikte haben seit jeher tiefe Spuren in der menschlichen Geschichte hinterlassen und große Auswirkungen auf die psychische Gesundheit der Betroffenen gehabt. Traumatische Erfahrungen im Zusammenhang mit Kriegshandlungen können zu schwerwiegenden psychologischen Folgen führen, die das Leben der Betroffenen langfristig beeinflussen.

Traumatische Erfahrungen im Krieg

Kriegsschauplätze sind oft von Gewalt, Zerstörung und Tod geprägt. Soldaten werden häufig mit lebensbedrohlichen Situationen konfrontiert, wie dem direkten Kampf, dem Verlust von Kameraden oder der Bedrohung durch feindliche Angriffe. Zivilisten sind ebenfalls stark von den Auswirkungen des Krieges betroffen, sei es durch Bombenangriffe, Vertreibung oder den Verlust von Angehörigen. Diese traumatischen Erfahrungen können tiefgreifende psychologische Wunden hinterlassen und zu einer Vielzahl von psychischen Problemen führen.

Posttraumatische Belastungsstörung (PTBS)

Eine der häufigsten psychologischen Folgen von Kriegstraumata ist die Posttraumatische Belastungsstörung (PTBS). Menschen, die traumatische Ereignisse im Zusammenhang mit Kriegen erlebt haben, können unter wiederkehrenden Flashbacks, Albträumen, Angstzuständen und depressiven Symptomen leiden, die ihr tägliches Leben stark beeinträchtigen können. PTBS kann lange nach dem Ende des Krieges anhalten und erfordert oft professionelle Hilfe und Unterstützung, um bewältigt zu werden.

Depression und Angststörungen

Neben PTBS können traumatische Kriegserfahrungen auch zu anderen psychischen Problemen führen, wie Depressionen und Angststörungen. Die ständige Bedrohung durch Gewalt und Tod kann zu einem Gefühl der Hoffnungslosigkeit und Niedergeschlagenheit führen, das sich in langanhaltenden depressiven Symptomen äußert. Angststörungen können ebenfalls auftreten, da die Betroffenen oft von anhaltenden Ängsten und Sorgen geplagt werden, die mit den traumatischen Erlebnissen in Verbindung stehen.

Soziale Isolation und Entfremdung

Kriege und Konflikte können auch zu einer tiefen sozialen Isolation und Entfremdung führen, da die Betroffenen oft Schwierigkeiten haben, sich wieder in die Gesellschaft zu integrieren. Traumatisierte Soldaten können Schwierigkeiten haben, Beziehungen aufrechtzuerhalten und Vertrauen zu anderen Menschen aufzubauen, während traumatisierte Zivilisten oft mit Stigmatisierung und Ausgrenzung konfrontiert sind.

Insgesamt haben Kriege und bewaffnete Konflikte einen enormen Einfluss auf die psychische Gesundheit der Betroffenen und können zu schwerwiegenden psychologischen Folgen wie PTBS, Depressionen und Angststörungen führen. Die Bewältigung dieser traumatischen Erfahrungen erfordert oft professionelle Hilfe und Unterstützung, um den Betroffenen zu helfen, ihre psychische Gesundheit wiederherzustellen und ein erfülltes Leben zu führen.

Die Geburt der Angststörungen:
Von der Hysterie bis zur Panikstörung

Angststörungen gehören zu den häufigsten psychischen Erkrankungen weltweit und haben eine lange Geschichte, die bis in die Antike zurückreicht. Von der Hysterie bis zur Panikstörung haben sich verschiedene Formen von Angststörungen im Laufe der Geschichte entwickelt, wobei jede ihre eigenen Merkmale und Behandlungsmethoden aufweist.

Die Hysterie und ihre Symptome

In der Antike wurde die Hysterie als eine Erkrankung angesehen, die ausschließlich Frauen betraf und mit einer Vielzahl von körperlichen und psychischen Symptomen einherging. Zu den Symptomen der Hysterie gehörten unter anderem Atemnot, Herzklopfen, Schwindel, Lähmungen und Anfälle. Die Ursachen der Hysterie wurden oft auf einen ›verrückten Uterus‹ zurückgeführt, der im Körper der betroffenen Frauen umherwanderte und die Symptome verursachte.

Die Entdeckung der Panikstörung

Im Laufe der Geschichte wurden verschiedene Formen von Angststörungen identifiziert und klassifiziert, darunter auch die Panikstörung. Die Panikstörung ist durch plötzliche und wiederkehrende Panikattacken gekennzeichnet, die von intensiven

körperlichen und psychischen Symptomen begleitet werden,
wie z. B. Herzrasen, Atemnot, Schweißausbrüchen und dem
Gefühl, den Verstand zu verlieren. Die Entdeckung der Panikstörung als eigenständige Erkrankung trug dazu bei, das Verständnis von Angststörungen zu vertiefen und neue Behandlungsmöglichkeiten zu entwickeln.

Die Weiterentwicklung von Diagnose und Behandlung

Im Laufe der Zeit wurden verschiedene Ansätze zur Diagno-
se und Behandlung von Angststörungen entwickelt, darunter
psychoanalytische Therapien, Verhaltenstherapie und medikamentöse Behandlungen. Psychoanalytiker wie Sigmund Freud
betrachteten Angststörungen als Ausdruck unbewusster Konflikte und entwickelten neue Therapieansätze wie die Psychoanalyse, um die zugrunde liegenden Ursachen der Angst zu
erforschen. Verhaltenstherapeuten hingegen konzentrierten
sich auf die Veränderung von fehlerhaften Denkmustern und
Verhaltensweisen, die zu Angststörungen beitragen, während
Mediziner Medikamente wie Benzodiazepine und selektive Serotonin-Wiederaufnahmehemmer verschrieben, um die Symptome der Angst zu lindern.

Die Bedeutung von Forschung und Aufklärung

Heutzutage werden Angststörungen immer besser verstanden
und es stehen eine Vielzahl von effektiven Behandlungsmöglichkeiten zur Verfügung. Durch kontinuierliche Forschung
und Aufklärung können immer mehr Menschen mit Angststö-

rungen erfolgreich behandelt und unterstützt werden, um ein erfülltes und zufriedenes Leben zu führen.

Insgesamt markiert die Geburt der Angststörungen einen wichtigen Meilenstein in der Geschichte der psychischen Gesundheit und hat dazu beigetragen, das Verständnis von Angststörungen zu vertiefen und neue Wege zur Behandlung dieser Erkrankungen zu entwickeln.

Die Psychiatrie und die Behandlung von Angst:

Von Freud bis zur modernen Psychotherapie

Die Psychiatrie hat im Laufe der Geschichte eine zentrale Rolle in der Behandlung von Angststörungen gespielt. Von den frühen Arbeiten von Sigmund Freud bis hin zur Entwicklung moderner psychotherapeutischer Ansätze hat die Psychiatrie maßgeblich dazu beigetragen, das Verständnis von Angst zu vertiefen und effektive Behandlungsmethoden zu entwickeln.

Freuds Beitrag zur Psychoanalyse

Sigmund Freud war einer der Pioniere der Psychoanalyse und spielte eine entscheidende Rolle in der Erforschung und Behandlung von Angststörungen. Durch seine Arbeit mit Patienten identifizierte Freud die Angst als eine grundlegende menschliche Emotion, die oft auf unbewusste Konflikte und traumatische Erfahrungen zurückzuführen ist. Er entwickelte neue Therapieansätze wie die Psychoanalyse, um den zugrunde liegenden Ursachen der Angst auf den Grund zu gehen und den Patienten zu helfen, ihre Symptome zu bewältigen.

Die Entwicklung der Verhaltenstherapie

In den 1950er und 1960er Jahren entwickelte sich die Verhaltenstherapie als neue Richtung in der Psychotherapie, die sich auf die Veränderung von fehlerhaften Denkmustern und Verhaltensweisen konzentrierte, die zu Angststörungen beitragen. Therapeuten wie Aaron Beck und Albert Ellis entwickelten kognitive Verhaltenstherapien, die darauf abzielten, negative Gedankenmuster zu identifizieren und durch positive Denkmuster zu ersetzen, um die Symptome der Angst zu lindern.

Die Einführung von Medikamenten

Parallel zur Entwicklung psychotherapeutischer Ansätze wurden auch neue Medikamente zur Behandlung von Angststörungen eingeführt. Benzodiazepine wie Diazepam und Alprazolam wurden als Beruhigungsmittel eingesetzt, um die Symptome von Angst vorübergehend zu lindern. Später kamen selektive Serotonin-Wiederaufnahmehemmer (SSRI) wie Fluoxetin und Sertralin auf den Markt, die eine langfristige Behandlung von Angststörungen ermöglichten, indem sie den Serotoninspiegel im Gehirn regulierten und so die Stimmung stabilisierten.

Die Bedeutung von Forschung und Weiterentwicklung

Heutzutage stehen eine Vielzahl von effektiven Behandlungsmöglichkeiten für Angststörungen zur Verfügung, darunter psychotherapeutische Ansätze wie die kognitive Verhaltenstherapie und medikamentöse Therapien mit Psychopharmaka.

Durch kontinuierliche Forschung und Weiterentwicklung können immer mehr Menschen mit Angststörungen erfolgreich behandelt und unterstützt werden, um ein erfülltes und zufriedenes Leben zu führen.

Insgesamt hat die Psychiatrie einen entscheidenden Beitrag zur Behandlung von Angststörungen geleistet und spielt auch heute noch eine wichtige Rolle in der psychischen Gesundheit.

Von den frühen Arbeiten von Sigmund Freud bis hin zur modernen Psychotherapie haben psychiatrische Ansätze dazu beigetragen, das Leben vieler Menschen mit Angststörungen nachhaltig zu verbessern.

Angst in der Literatur und Kunst: Darstellungen und Interpretationen

Die Darstellung von Angst in der Literatur und Kunst reicht weit zurück und hat im Laufe der Jahrhunderte eine Vielzahl von Interpretationen und Ausdrucksformen hervorgebracht. Von mythologischen Erzählungen bis hin zu modernen Werken reflektieren Autoren und Künstler auf vielfältige Weise die menschliche Erfahrung von Angst und ihre Bedeutung im Leben.

Mythologie und Angst

In vielen mythologischen Erzählungen finden sich Darstellungen von übernatürlichen Wesen und Ereignissen, die Angst und Schrecken auslösen. Gestalten wie der Minotaurus in der griechischen Mythologie oder der Drache in der germanischen Mythologie verkörpern die Urängste des Menschen vor dem Unbekannten und dem Übernatürlichen. Diese Geschichten dienen nicht nur der Unterhaltung, sondern auch der Reflexion über die menschliche Natur und die existenziellen Ängste, die uns alle beschäftigen.

Die Romantik und die Ästhetik der Angst

In der Romantik des 19. Jahrhunderts wurde die Angst zu einem zentralen Thema in der Literatur und Kunst. Romantische

Schriftsteller und Maler wie Edgar Allan Poe und Caspar David Friedrich erforschten die dunklen Seiten der menschlichen Psyche und die Schrecken der Natur. Ihre Werke zeichnen sich durch eine düstere Atmosphäre und eine introspektive Auseinandersetzung mit existenziellen Ängsten aus, die viele Leser und Betrachter bis heute faszinieren.

Die Moderne und die Abstraktion der Angst

Im 20. Jahrhundert wandten sich viele Künstler und Schriftsteller von den traditionellen Formen der Darstellung von Angst ab und experimentierten mit abstrakten und surrealen Ausdrucksformen. Künstler wie Pablo Picasso und Schriftsteller wie Franz Kafka erkundeten die inneren Welten des Menschen und die unergründlichen Tiefen der Psyche. Ihre Werke zeugen von einer tiefsitzenden Unruhe und Verunsicherung, die die moderne Welt prägt und die Angst vor der Zukunft und dem Unbekannten reflektiert.

Die Postmoderne und die Ironie der Angst

In der postmodernen Literatur und Kunst wird die Angst oft mit Ironie und Sarkasmus behandelt. Schriftsteller wie Thomas Pynchon und Künstler wie Jeff Koons spielen mit den Konventionen der Angst und entlarven die Absurdität und Unberechenbarkeit des menschlichen Daseins. Ihre Werke zeichnen sich durch eine spielerische Herangehensweise an existenzielle Themen aus und laden den Betrachter dazu ein, die Angst nicht als etwas Absolutes und Unüberwindbares, sondern als Teil des menschlichen Lebens zu betrachten.

Insgesamt spiegeln Literatur und Kunst die Vielschichtigkeit und Komplexität der menschlichen Erfahrung von Angst wider. Von mythologischen Erzählungen bis hin zu postmodernen Werken reflektieren sie die tiefen Ängste und Unsicherheiten, die uns alle beschäftigen, und bieten dabei Raum für Reflexion und Erkenntnis.

Die Rolle der Medien und der Technologie bei der Verstärkung von Ängsten

In der modernen Gesellschaft spielen Medien und Technologie eine zunehmend bedeutende Rolle bei der Verstärkung von Ängsten. Durch die ständige Verfügbarkeit von Nachrichten, sozialen Medien und digitalen Inhalten werden Ängste verstärkt, verbreitet und verstärkt, was zu einer Zunahme von Angststörungen und psychischen Belastungen in der Bevölkerung führen kann.

24-Stunden-Nachrichtenzyklen und Sensationsjournalismus

Die heutigen Medienlandschaften sind geprägt von 24-Stunden-Nachrichtensendern und Online-Nachrichtenportalen, die rund um die Uhr über aktuelle Ereignisse berichten. Während dies den Vorteil hat, dass Informationen schnell verbreitet werden können, führt es auch dazu, dass negative Nachrichten und Sensationsberichte über Katastrophen, Unfälle und Verbrechen überproportional oft präsentiert werden. Diese ständige Exposition gegenüber negativen Ereignissen kann Ängste verstärken und ein Klima der Angst erzeugen.

Soziale Medien und Vergleichsdenken

Soziale Medien haben eine neue Dimension in die Verbreitung von Angst eingeführt, indem sie Plattformen für Vergleichsdenken, Cybermobbing und Falschinformationen bieten. Durch den ständigen Vergleich mit den scheinbar perfekten Leben anderer Menschen auf Plattformen wie Instagram und Facebook können sich viele Menschen unsicher und unzulänglich fühlen, was zu Angststörungen und psychischen Belastungen führen kann. Darüber hinaus verbreiten sich Falschinformationen und Verschwörungstheorien auf sozialen Medien oft schnell, was zu Verunsicherung und Angst in der Bevölkerung beiträgt.

Digitale Technologien und Überwachungsängste

Die zunehmende Verbreitung digitaler Technologien wie Smartphones, Wearables und intelligenter Überwachungssysteme hat auch zu wachsenden Ängsten vor Überwachung und Datenschutzverletzungen geführt. Die ständige Verfügbarkeit von persönlichen Daten und die Möglichkeit der Überwachung durch Regierungen und Unternehmen haben zu einem zunehmenden Gefühl der Unsicherheit und Paranoia in der Bevölkerung geführt, was zu Angststörungen und psychischen Belastungen beitragen kann.

Der Umgang mit Medien und Technologie

Um die negativen Auswirkungen von Medien und Technologie auf die Angst zu reduzieren, ist es wichtig, einen bewussten

Umgang mit diesen Medien zu pflegen. Dies kann bedeuten, die Zeit, die man mit Nachrichten und sozialen Medien verbringt, zu begrenzen, kritisch zu hinterfragen, welche Inhalte man konsumiert, und digitale Technologien bewusst zu nutzen, um die eigene psychische Gesundheit zu schützen. Darüber hinaus ist eine medienkompetente Erziehung und Aufklärung über die Auswirkungen von Medien und Technologie auf die Angst von entscheidender Bedeutung, um eine gesunde Nutzung dieser Medien zu fördern.

Insgesamt spielen Medien und Technologie eine komplexe Rolle bei der Verstärkung von Ängsten in der modernen Gesellschaft. Durch eine bewusste Nutzung und eine kritische Auseinandersetzung mit diesen Medien können wir jedoch dazu beitragen, die negativen Auswirkungen auf die psychische Gesundheit zu minimieren und eine gesündere Beziehung zu Medien und Technologie zu entwickeln.

Soziale Ängste:
Die Auswirkungen von Gesellschaft und
Kultur auf die Angst

Soziale Ängste sind ein weit verbreitetes Phänomen, das durch die Wechselwirkung zwischen individuellen Erfahrungen und gesellschaftlichen Einflüssen geprägt ist. Gesellschaftliche Normen, kulturelle Werte und zwischenmenschliche Beziehungen können die Entwicklung und Ausprägung von sozialen Ängsten stark beeinflussen und verstärken.

Gesellschaftliche Normen und Erwartungen

In vielen Gesellschaften existieren strenge Normen und Erwartungen bezüglich des Verhaltens in sozialen Situationen. Diese Normen können dazu führen, dass Menschen Angst davor haben, von anderen beurteilt oder abgelehnt zu werden, wenn sie diesen Normen nicht entsprechen. Zum Beispiel kann die Angst vor Ablehnung oder Kritik dazu führen, dass Menschen sich in sozialen Situationen zurückhalten oder vermeiden, sich zu äußern, aus Angst, negativ bewertet zu werden.

Kulturelle Werte und Vorstellungen von Erfolg

In vielen Kulturen werden bestimmte Merkmale wie Selbstsicherheit, Geselligkeit und Erfolg im sozialen Umfeld hoch geschätzt. Menschen, die diesen Idealvorstellungen nicht entsprechen, können sich sozial unbeholfen oder minderwertig fühlen, was zu sozialen Ängsten führen kann. Darüber hinaus können kulturelle Vorstellungen von Erfolg und Leistung dazu führen, dass Menschen Angst davor haben, in sozialen Situationen zu versagen oder nicht den Erwartungen anderer gerecht zu werden.

Zwischenmenschliche Beziehungen und soziale Isolation

Die Qualität und Stabilität zwischenmenschlicher Beziehungen spielen eine wichtige Rolle bei der Entwicklung von sozialen Ängsten. Menschen, die wenig soziale Unterstützung erfahren oder Schwierigkeiten haben, enge Beziehungen aufzubauen, können sich isoliert und einsam fühlen, was zu sozialer Angst führen kann. Darüber hinaus können negative Erfahrungen in zwischenmenschlichen Beziehungen, wie Mobbing oder Ablehnung, das Vertrauen und das Selbstwertgefühl beeinträchtigen und soziale Ängste verstärken.

Die Rolle von Gesellschaft und Kultur bei der Bewältigung von sozialen Ängsten

Obwohl Gesellschaft und Kultur dazu beitragen können, soziale Ängste zu verstärken, können sie auch Ressourcen und Unterstützung bieten, um diese Ängste zu bewältigen. Die Förderung von Toleranz, Vielfalt und Akzeptanz kann dazu beitragen, das Stigma im Zusammenhang mit sozialen Ängsten zu verringern und ein unterstützendes soziales Umfeld zu schaffen. Darüber hinaus können kulturelle Praktiken wie Meditation, Yoga und gemeinschaftliche Veranstaltungen dazu beitragen, das Wohlbefinden zu verbessern und soziale Ängste zu reduzieren.

Insgesamt zeigen soziale Ängste die komplexe Wechselwirkung zwischen individuellen Erfahrungen und gesellschaftlichen Einflüssen auf. Durch die Förderung von Toleranz, Akzeptanz und sozialer Unterstützung können Gesellschaft und Kultur dazu beitragen, soziale Ängste zu reduzieren und ein unterstützendes soziales Umfeld zu schaffen, das die psychische Gesundheit fördert.

Die biologischen Grundlagen von Angst: Neurobiologie und Hormonregulation

Die Angst ist eine komplexe emotionale Reaktion, die durch eine Vielzahl von neurobiologischen Prozessen und hormonellen Mechanismen im Gehirn und im Körper reguliert wird. Die Erforschung der biologischen Grundlagen von Angst hat in den letzten Jahrzehnten bedeutende Fortschritte gemacht und ein tieferes Verständnis für die Entstehung und Regulation von Angststörungen ermöglicht.

Neurobiologie der Angst

Im Gehirn sind mehrere Regionen für die Entstehung und Regulation von Angst verantwortlich, darunter der Mandelkern (Amygdala), der präfrontale Kortex und das limbische System. Die Amygdala spielt eine zentrale Rolle bei der Verarbeitung von emotionalen Reizen und der Auslösung von Angstreaktionen. Sie ist besonders empfindlich für bedrohliche Reize und kann schnell eine Kampf- oder Fluchtreaktion auslösen. Der präfrontale Kortex hingegen ist für die Regulation von Emotionen und die Bewertung von Risiken und Belohnungen zuständig. Eine Dysfunktion dieser Gehirnregionen kann zu einer übermäßigen Angstreaktion führen und die Entstehung von Angststörungen begünstigen.

Hormonregulation der Angst

Die Hormonregulation spielt ebenfalls eine wichtige Rolle bei der Entstehung und Regulation von Angst. Stresshormone wie Cortisol und Adrenalin werden vom Körper freigesetzt, um eine akute Stressreaktion zu ermöglichen und die körperliche Leistungsfähigkeit zu steigern. Diese Hormone können jedoch auch die Angst verstärken und die Aktivität des sympathischen Nervensystems erhöhen, was zu körperlichen Symptomen wie erhöhtem Herzschlag, Schweißausbrüchen und Zittern führen kann. Ein Ungleichgewicht in der Hormonregulation kann zu chronischem Stress und Angststörungen führen.

Genetische und Umweltfaktoren

Die Veranlagung für Angststörungen wird oft durch eine Kombination von genetischen und Umweltfaktoren beeinflusst. Studien haben gezeigt, dass bestimmte genetische Variationen die Anfälligkeit für Angststörungen erhöhen können, indem sie die Neurotransmitterfunktion und die Reaktion auf Stress beeinflussen. Darüber hinaus können Umweltfaktoren wie traumatische Ereignisse, chronischer Stress und frühe Kindheitserfahrungen das Risiko für die Entwicklung von Angststörungen erhöhen, indem sie die neurobiologischen Mechanismen der Angst beeinflussen.

Therapeutische Ansätze und neurobiologische Forschung

Die Erforschung der biologischen Grundlagen von Angst hat zu neuen therapeutischen Ansätzen geführt, die darauf abzielen, die neurobiologischen Mechanismen der Angst zu modulieren. Medikamente wie selektive Serotonin-Wiederaufnahmehemmer (SSRI) und Benzodiazepine werden häufig zur Behandlung von Angststörungen eingesetzt, um die Aktivität des Gehirns zu modulieren und die Symptome der Angst zu lindern. Darüber hinaus zeigen neuere Forschungsansätze, wie die Neurofeedback-Therapie und die transkranielle Magnetstimulation, vielversprechende Ergebnisse bei der Modulation der neurobiologischen Grundlagen von Angst.

Insgesamt bieten die Fortschritte in der neurobiologischen Forschung ein tieferes Verständnis für die biologischen Grundlagen von Angst und die Möglichkeiten für innovative therapeutische Ansätze zur Behandlung von Angststörungen. Durch die Integration von neurobiologischen Erkenntnissen in die klinische Praxis können wir effektivere Behandlungen entwickeln und die Lebensqualität von Menschen mit Angststörungen verbessern.

Die Globalisierung und die Verbreitung von Angst:

Globale Herausforderungen und lokale Reaktionen

Die Globalisierung hat in den letzten Jahrzehnten zu einer zunehmenden Vernetzung von Menschen, Märkten und Kulturen auf der ganzen Welt geführt. Während dies viele Vorteile mit sich bringt, hat die Globalisierung auch neue Herausforderungen und Ängste hervorgebracht, die auf lokaler, nationaler und globaler Ebene wirken.

Wirtschaftliche Unsicherheit und soziale Ungleichheit

Die Globalisierung hat zu einem Anstieg wirtschaftlicher Unsicherheit und sozialer Ungleichheit geführt, sowohl innerhalb von Ländern als auch zwischen Ländern. Der wachsende Wettbewerb auf dem globalen Markt hat zu Arbeitsplatzverlusten, Lohnstagnation und dem Verlust traditioneller Industrien geführt, was zu Ängsten vor Arbeitslosigkeit, Armut und sozialer Ausgrenzung führen kann. Diese wirtschaftlichen Ängste können lokale Gemeinschaften destabilisieren und zu sozialen Spannungen und Konflikten führen.

Migration und kulturelle Konflikte

Die Globalisierung hat auch zu einem Anstieg der internationalen Migration geführt, sowohl aus wirtschaftlichen als auch aus politischen Gründen. Die Ankunft von Migranten und Flüchtlingen in lokalen Gemeinschaften kann Ängste vor kultureller Veränderung, sozialer Desintegration und Sicherheitsrisiken auslösen. Diese Ängste können zu Spannungen zwischen verschiedenen ethnischen und religiösen Gruppen führen und zu kulturellen Konflikten und Ressentiments beitragen.

Umweltveränderungen und ökologische Bedrohungen

Die Globalisierung hat auch zu einem Anstieg der Umweltveränderungen und ökologischen Bedrohungen geführt, darunter der Klimawandel, die Zerstörung von Ökosystemen und die Ausbeutung natürlicher Ressourcen. Diese ökologischen Herausforderungen können Ängste vor Naturkatastrophen, Nahrungsmittelknappheit und dem Verlust der biologischen Vielfalt auslösen. Lokale Gemeinschaften sind zunehmend besorgt über die Auswirkungen des Klimawandels und die Notwendigkeit, sich auf zukünftige Umweltveränderungen vorzubereiten.

Globale Gesundheitskrisen und Pandemien

Die Globalisierung hat auch die Verbreitung von Infektionskrankheiten und globalen Gesundheitskrisen erleichtert, wie z.B. die COVID-19-Pandemie. Die Angst vor der Ausbreitung von Krankheiten, die Auswirkungen auf die Gesundheit und die Wirtschaft haben kann, hat zu einer Zunahme von Angststörungen und psychischen Belastungen geführt. Lokale Gemeinschaften reagieren auf diese Bedrohungen mit Maßnahmen zur Eindämmung von Krankheiten, wie z.b. Quarantänemaßnahmen und Impfkampagnen, sowie mit Maßnahmen zur Unterstützung von Betroffenen und zur Stärkung der Resilienz.

Insgesamt zeigt die Globalisierung komplexe Herausforderungen und Ängste auf lokaler, nationaler und globaler Ebene auf. Lokale Gemeinschaften reagieren auf diese Herausforderungen mit unterschiedlichen Strategien und Maßnahmen, die darauf abzielen, die Auswirkungen von Angst zu mindern und die Resilienz gegenüber globalen Risiken zu stärken.

Die Zukunft der Angst:

Neue Technologien, soziale Trends und psychologische Entwicklungen

In einer sich ständig verändernden Welt stehen wir vor einer Vielzahl von neuen Herausforderungen und Entwicklungen, die unsere Ängste und Sorgen beeinflussen können. Von bahnbrechenden Technologien bis hin zu sozialen Trends und psychologischen Erkenntnissen wirft die Zukunft viele Fragen auf, wie sich unsere Angst in den kommenden Jahren entwickeln wird.

Technologische Entwicklungen und digitale Ängste

Die rasante Entwicklung neuer Technologien wie künstliche Intelligenz (KI), virtuelle Realität (VR) und soziale Medien hat das Potenzial, neue Arten von Ängsten hervorzurufen. Die Angst vor dem Verlust der Privatsphäre, der Kontrolle über persönliche Daten und der Abhängigkeit von Technologie wird zunehmend relevant. Cyberkriminalität, Online-Mobbing und Desinformation sind weitere Bereiche, die zu digitalen Ängsten beitragen können und unsere psychische Gesundheit beeinflussen.

Soziale Trends und kollektive Ängste

Soziale Trends wie Urbanisierung, Migration und demografischer Wandel können kollektive Ängste hervorrufen, die das Gefühl der Sicherheit und Zugehörigkeit in Gemeinschaften beeinflussen. Die Angst vor sozialer Isolation, kultureller Entfremdung und politischer Instabilität sind nur einige Beispiele für kollektive Ängste, die durch soziale Veränderungen verstärkt werden können und die psychische Gesundheit der Gesellschaft beeinflussen.

Psychologische Entwicklungen und individuelle Ängste

Auf individueller Ebene können psychologische Entwicklungen wie neue Erkenntnisse über die Entstehung von Angststörungen und die Wirksamkeit von Therapien zu einem besseren Verständnis und Management von Ängsten führen. Neue Ansätze wie die Achtsamkeitspraxis, kognitive Verhaltenstherapie und neurowissenschaftliche Interventionen bieten vielversprechende Möglichkeiten, individuelle Ängste zu bewältigen und die psychische Gesundheit zu verbessern.

Herausforderungen und Chancen

Die Zukunft der Angst wirft viele Herausforderungen auf, aber auch Chancen für persönliches Wachstum, soziale Innovation und technologische Fortschritte. Indem wir uns mit den Ursachen und Auswirkungen von Angst auseinandersetzen und gemeinsam nach Lösungen suchen, können wir eine Zukunft gestalten, in der die psychische Gesundheit und das Wohlbefinden für alle Menschen verbessert werden.

Insgesamt zeigt die Zukunft der Angst die Komplexität und Dynamik unseres modernen Lebens auf und fordert uns auf, gemeinsam daran zu arbeiten, eine Welt zu schaffen, in der Ängste verstanden, akzeptiert und wirksam bewältigt werden können.

Die Bewältigung von Angst: Strategien und Techniken zur Selbsthilfe und Therapie

Angst ist eine natürliche und normale Reaktion auf stressige oder bedrohliche Situationen, aber wenn sie übermäßig oder unkontrollierbar wird, kann sie das tägliche Leben beeinträchtigen und zu ernsthaften Problemen führen. Glücklicherweise gibt es eine Vielzahl von Strategien und Techniken, die Menschen dabei helfen können, mit ihrer Angst umzugehen und sie zu bewältigen.

Achtsamkeit und Meditation

Achtsamkeit und Meditation sind wirksame Techniken zur Stressbewältigung und Angstreduktion. Indem man lernt, im Moment zu leben und sich auf den gegenwärtigen Augenblick zu konzentrieren, kann man negative Gedanken und Sorgen loslassen und eine innere Ruhe und Gelassenheit entwickeln. Durch regelmäßige Meditationspraxis können Menschen lernen, ihre Angstsymptome zu reduzieren und ihre psychische Gesundheit zu verbessern.

Kognitive Verhaltenstherapie (CBT)

Die kognitive Verhaltenstherapie ist eine evidenzbasierte Therapiemethode, die darauf abzielt, negative Gedankenmuster und Verhaltensweisen zu identifizieren und zu verändern, die zur Angst beitragen. Indem man lernt, irrationale Gedanken zu erkennen und durch realistischere und hilfreichere Überzeugungen zu ersetzen, kann man seine Angstsymptome reduzieren und eine positive Veränderung im Denken und Handeln bewirken.

Entspannungstechniken

Entspannungstechniken wie progressive Muskelentspannung, Atemübungen und Yoga können helfen, körperliche Spannungen zu reduzieren und die Entspannungsreaktion des Körpers zu fördern. Durch regelmäßiges Üben dieser Techniken können Menschen lernen, ihre körperlichen Symptome von Angst zu kontrollieren und eine tiefe Entspannung und Ruhe zu erreichen.

Soziale Unterstützung und Selbstfürsorge

Der Austausch von Erfahrungen und Gefühlen mit vertrauenswürdigen Freunden, Familienmitgliedern oder Therapeuten kann eine wichtige Quelle der Unterstützung und des Trostes sein. Soziale Unterstützung kann helfen, Gefühle der Einsamkeit und Isolation zu reduzieren und das Selbstwertgefühl zu stärken. Darüber hinaus ist es wichtig, auf sich selbst zu achten und sich regelmäßig zu verwöhnen, sei es durch Entspannungsaktivitäten, Hobbys oder gesunde Lebensgewohnheiten wie ausgewogene Ernährung und ausreichend Bewegung.

Professionelle Hilfe und Behandlung

In schwereren Fällen von Angststörungen kann professionelle Hilfe und Behandlung notwendig sein. Psychotherapie, Medikamente und andere therapeutische Ansätze können Menschen dabei unterstützen, ihre Angstsymptome zu bewältigen und ein erfülltes und produktives Leben zu führen. Es ist wichtig, sich an einen qualifizierten Therapeuten oder Psychiater zu wenden, der individuell angepasste Behandlungsoptionen empfehlen kann.

Insgesamt gibt es viele verschiedene Strategien und Techniken zur Bewältigung von Angst, und es ist wichtig, diejenigen zu finden, die am besten zu den individuellen Bedürfnissen und Präferenzen passen. Durch die Anwendung dieser Techniken können Menschen lernen, ihre Angst zu überwinden und ein Leben voller Selbstvertrauen, Ruhe und Gelassenheit zu führen.

Die Suche nach dem Sinn der Angst: Philosophische Überlegungen und spirituelle Perspektiven

Angst ist eine der grundlegendsten und primitivsten Emotionen des Menschen, die seit jeher tiefgreifende philosophische und spirituelle Fragen aufgeworfen hat. In verschiedenen philosophischen Traditionen und spirituellen Lehren wird die Natur und Bedeutung der Angst auf unterschiedliche Weise interpretiert und verstanden.

Die Existenzialistische Perspektive

Für Existenzialisten wie Søren Kierkegaard und Jean-Paul Sartre ist Angst ein zentrales Thema, das eng mit der menschlichen Existenz verbunden ist. Angst wird nicht als bloßes Unbehagen oder emotionale Reaktion betrachtet, sondern vielmehr als existenzielle Erfahrung, die aus der fundamentalen Unsicherheit und Freiheit des menschlichen Daseins resultiert. Die Existenzialisten betonen, dass die Angst vor der eigenen Existenz und der Sinnlosigkeit des Lebens dazu führen kann, dass Menschen nach Bedeutung und Sinn suchen.

Die Buddhistische Perspektive

Im Buddhismus wird Angst als eine Form des Leidens betrachtet, das aus dem Verlangen, der Anhaftung und der Unwissenheit entsteht. Der buddhistische Ansatz zur Bewältigung von Angst besteht darin, die Ursachen des Leidens zu erkennen und zu überwinden, indem man die eigene Geisteshaltung und Wahrnehmung transformiert. Durch die Praxis der Achtsamkeit und Meditation können Menschen lernen, ihre Ängste loszulassen und ein tieferes Verständnis von sich selbst und der Welt zu entwickeln.

Die Spirituelle Perspektive

In vielen spirituellen Traditionen wird die Angst als ein Hindernis auf dem Weg zur spirituellen Erleuchtung betrachtet. Indem man sich von den begrenzenden Vorstellungen des Egos löst und sich dem Göttlichen oder dem Universellen hingibt, kann man die Angst überwinden und ein Gefühl von Frieden und Verbundenheit erfahren. Spirituelle Praktiken wie Gebet, Kontemplation und Hingabe können Menschen dabei helfen, ihre Ängste zu überwinden und eine tiefere spirituelle Dimension ihres Lebens zu erkunden.

Die Suche nach dem Sinn

Insgesamt zeigt die Suche nach dem Sinn der Angst, dass sie mehr ist als nur eine unangenehme Emotion – sie ist ein Fenster zu den tiefsten Fragen und Herausforderungen des menschlichen Lebens. Indem wir uns mit den philosophischen und spirituellen Dimensionen der Angst auseinandersetzen, können wir ein tieferes Verständnis von uns selbst und unserer Existenz gewinnen und nach Wegen suchen, wie wir mit unseren Ängsten umgehen und ihnen einen Sinn geben können.

Über den Autor

 Lutz Spilker wurde im Jahre 1955 in Duisburg geboren.

Bevor er zum Schreiben von Romanen und Dokumentationen fand, verließen bisher unzählige Kurzgeschichten, Kolumnen und Versdichtungen seine Feder.

In seinen Büchern befasst er sich vorrangig mit dem menschlichen Bewusstsein und der damit verbundenen Wahrnehmung. Seine Grenzen sind nicht die, welche mit der Endlichkeit des Denkens, des Handelns und des Lebens begrenzt werden, sondern jene, die der empirischen Denkform noch nicht unterliegen.

Es sind die Möglichkeiten des Machbaren, die Dinge, welche sich allein in der Vorstellung eines jeden Menschen darstellen und aufgrund der Flüchtigkeit des Geistes unbewiesen bleiben. Die Erkenntnis besitzt ihre Gültigkeit lediglich bis zur Erlangung einer neuen und die passiert zu jeder weiteren Sekunde.

Die Welt von Lutz Spilker beginnt dort, wo zu Beginn allen Seins nichts Fassbares war, als leerer Raum. Kein Vorne, kein Hinten, kein Oben und kein Unten. Kein Glaube, kein Wissen, keine Moral, keine Gesetze und keine Grenzen. Nichts.

In Lutz Spilkers Romanen passieren heimtückische Morde ebenso wie die Zauber eines Märchens. Seine Bücher sind oftmals Thriller, Krimi, Abenteuer, Science Fiction, Fantasy und selbst Love-Story in einem.

»Ich liebe die Sprache: Sie vermag zu streicheln, zu liebkosen und zu Tränen zu rühren. Doch sie kann ebenso stachelig sein, wie der Dorn einer Rose und mit nur einem Hieb zerschmettern.«

In dieser Reihe sind bisher erschienen

Die Erfindung der Musik
Die Erfindung der Wiedergeburt
Die Erfindung des Zufalls
Die Erfindung der Namen
Die Erfindung des Bewusstseins
Die Erfindung des freien Willens
Die Erfindung des Wahrsagens
Die Erfindung der Körpersprache
Die Erfindung des Schlafs
Die Erfindung der Sklaverei
Die Erfindung der Angst
Die Erfindung der Vernunft
Die Erfindung des Vollmonds
Die Erfindung des Vitamin B
Die Erfindung des Make-Up
Die Erfindung des Weihnachtsfestes
Die Erfindung des Ku-Klux-Klan
Die Erfindung des Träumens
Die Erfindung der Flaschenpost
Die Erfindung der Mafia
Die Erfindung der Freimaurer
Die Erfindung der Freibeuter
Die Erfindung der Raumfahrt
Die Erfindung der Tempelritter
Die Erfindung des ADHS-Syndroms
Die Erfindung der Homöopathie
Die Erfindung der Freizeitparks

MIX

Papier | Fördert
gute Waldnutzung

FSC® C083411

Zeitfracht Medien GmbH
Ferdinand-Jühlke-Straße 7
99095 Erfurt, Deutschland
produktsicherheit@kolibri360.de